Arco iris

Rourke
Educational Media
rourkeeducationalmedia.com

Precious McKenzie

Actividades para antes y después de leer:

Enfoque de la enseñanza:

Conversaciones entre el maestro y el niño: las conversaciones entre el maestro y el niño desempeñan un papel importante en la configuración de lo que aprenden los niños. Practíquelo y vea cómo estas conversaciones ayudan a aumentar el aprendizaje de su estudiante.

Antes de leer:

Construcción del vocabulario académico y conocimiento del trasfondo

Antes de leer un libro, es importante que prepare a su hijo o estudiante usando estrategias de prelectura. Esto les ayudará a desarrollar su vocabulario, aumentar su comprensión de lectura y hacer conexiones durante el seguimiento al plan de estudios.

1. Lea el título y mire la portada. *Haga predicciones acerca de lo que tratará este libro.*
2. Haga un «recorrido con imágenes», hablando de los dibujos/fotografías en el libro. Implante el vocabulario mientras hace el recorrido con las imágenes. Asegúrese de hablar de características del texto tales como los encabezados, el índice, el glosario, las palabras en negrita, los subtítulos, los gráficos/diagramas o el índice analítico.
3. Pida a los estudiantes que lean la primera página del texto con usted y luego haga que lean el texto restante.
4. Charla sobre la estrategia: úsela para ayudar a los estudiantes mientras leen.
   - Prepara tu boca
   - Mira la foto
   - Piensa: ¿tiene sentido?
   - Piensa: ¿se ve bien?
   - Piensa: ¿suena bien?
   - Desmenúzalo buscando una parte que conozcas
5. Léalo de nuevo.

Área de contenido Vocabulario

Utilice palabras del glosario en una frase.

gotitas
índigo
prisma
refracción

Después de leer:

Actividad de comprensión y extensión

Después de leer el libro, trabaje en las siguientes preguntas con su hijo o estudiantes para verificar su nivel de comprensión de lectura y dominio del contenido.

1. Describe el color y la forma de un arco iris. *(Resuma).*
2. ¿Qué sucede con la luz cuando usamos un prisma? *(Haga preguntas).*
3. ¿Qué sucede cuando la luz del sol se refleja en las gotas de lluvia? *(Haga preguntas).*
4. ¿Alguna vez has visto un arco iris en el cielo? *(Texto para conectar con uno mismo).*

Actividad de extensión

Sal a caminar con un adulto en un día lluvioso. Mira el cielo. ¿Ves un arco iris? Sigue caminando si no ves ninguno. ¿Viste un arco iris en el cielo durante tu paseo? ¡Tómale una foto o dibújalo!

Índice

La luz del Sol

¿Qué son los arco iris? No podemos tocar ni sentir un arco iris.

Los arco iris están hechos de luz solar y de **gotitas** de agua.

La luz del sol tiene siete colores. Los humanos no ven los colores. La luz es blanca a nuestros ojos.

Los siete colores son: rojo, naranja, amarillo, verde, azul, índigo y violeta.

índigo

Prismas

Un **prisma** divide la luz blanca en siete colores. Esto se llama **refracción**. El prisma refracta o tuerce la luz blanca para que podamos ver sus colores.

prisma
refracción

Viendo un arco iris

Cuando hay gotitas de agua en el aire, la luz del sol las refleja.

gotitas
de agua

Las gotitas de agua actúan como un prisma. Refractan la luz blanca.

Tu ubicación y la posición del sol determinan que puedas ver un arco iris.

Podrías ver un arco iris desde el frente de tu escuela. ¡Y es probable que las personas que están detrás de la escuela no lo vean!

Un arco iris es realmente un círculo lleno de colores. Desde el suelo, sólo podemos ver la mitad del arco iris, o el arco.

Datos sobre los arco iris

- Un arco iris es visible en el ángulo en que las gotas de agua reflejan la luz, a 42 grados en dirección opuesta del sol.

- A veces los pilotos vuelan sobre el horizonte de la Tierra. Eso les permite ver arco iris completos.

- Muchas culturas cuentan historias sobre los arco iris. ¡Algunas piensan que ver un arco iris es señal de buena suerte!

Glosario fotográfico:

gotitas: las gotitas son partículas muy pequeñas de hielo o agua.

índigo: el índigo es un color azul violeta oscuro.

prisma: un prisma es un cristal o plástico transparente que puede torcer la luz.

refracción: la refracción ocurre cuando el movimiento de la luz cambia o se tuerce.

Índice analítico

Sitios web (páginas en inglés)

www.kidsplayandcreate.com/rainbow-facts-for-kids
www.newinterestingfacts.com/rainbow-facts-kids-seven-colors
www.sciencekids.co.nz/sciencefacts/weather/rainbows.html

¡Conoce a la autora! (Página en inglés).
www.meetREMauthors.com

Sobre la autora

Precious McKenzie vive en Montana. Le encanta estar al aire libre, visitar parques y compartir la madre naturaleza con sus tres hijos y sus tres perros.

www.rourkeeducationalmedia.com

PHOTO CREDITS: Cover and title page: ©Woodkern/iStock; p.5: ©Larryknupp|Dreamstime.com; p.7: ©Serg_Velusceac; p.9: ©Eugenp|Dreamstime.com; p.11, 23: ©Kts|Dreamstime.com; p.13: ©Luke Abrahams; p.14-15: ©dusipuffi; p.16-17: ©Mariia Khamidulina; p.19: ©H. Mark Weidman Photography/ Alamy Stock Photo; p.21: ©freebilly; p.23: ©ultramarinfoto

Editado por: Keli Sipperley
Diseño de tapa por: Nicola Stratford, www.nicolastratford.com
Diseño de interiores por: Rhea Magaro-Wallace
Traducción: Santiago Ochoa
Edición en español: Base Tres

Library of Congress PCN Data

Arcoiris / Precious McKenzie
(Madre naturaleza)
ISBN (soft cover - spanish) 978-1-64156-018-4
ISBN (e-Book - spanish) 978-1-64156-097-9
ISBN (hard cover - english)(alk. paper) 978-1-68342-323-2
ISBN (soft cover - english) 978-1-68342-419-2
ISBN (e-Book - english) 978-1-68342-489-5
Library of Congress Control Number: 2017931171

Printed in China, Printplus Limited, Guangdong Province